Manipulación

¡Domina las técnicas de persuasión, control mental e influencia emocional altamente efectivas utilizando la psicología oscura, cómo analizar a las personas, el lenguaje corporal, la PNL y los secretos de la hipnosis!

Vincent McDaniel

Contenido

Introducción

A veces nos arrepentimos de lo que decimos. No obstante, hay individuos en el planeta que son sinceramente controlables, controladores, mientras que otros son manipuladores y manipulados. Utilizan métodos de presión sin involucrarse para conseguir lo que quieren, y utilizarán estas prácticas para anticiparse y evitar que digas o hagas algo que no les guste, necesiten o les interese. Normalmente, es posible que no entiendas que te están involucrando en este tipo de actos, ya que son expertos en seducirte y mantener la información que han guardado. Así es como el manipulador maneja a sus víctimas, dejándolas confundidas en cuanto a lo sucedido.

Por otro lado, están los manipuladores y controladores entusiastas que son más simples en sus tácticas. Usan estas estrategias que te dejarán humillado, aterrorizado, o a veces usan viajes de culpabilidad, y frecuentemente tú como víctima quedarás en una inclinación inmovilizada y aturdida. Esto es lo que el manipulador quiere que sienta la víctima. Saben que la víctima está aturdida y no puede reaccionar fácilmente ante ellos, por lo que se van satisfechos, y eso es suficiente.

De cualquier manera, la manipulación intensa puede dañar la psique de una persona. El que manipula tarda menos tiempo en obtener algunos datos sobre su víctima y cuanto más profunda es la información adquirida de esta manera, más confianza y poder gana con ello, y mejor se vuelve en la manipulación. Este tipo de control seguramente destruirá una relación, ya que se perderá todo el respeto, la cercanía y la confianza. Esto es cierto tanto si el control se ejerce en una relación personal, como en una relación profesional o en otro tipo de conexiones. La manipulación mental es uno de los tipos de control más conocidos. Debido a la frecuencia con la que ocurre, puede ser difícil determinar cómo o cuándo ocurre.

En pocas palabras, considere los juegos mentales de control. Todos conocemos a alguien que se doblega ante el jefe o que te menosprecia para quedar mejor. La gente se aprovechará de ti de esta manera, por si acaso no sabes qué buscar. Por eso es fundamental que te concentres en las sutilezas del control mental y en lo que debes buscar cuando estas personalidades hacen una actuación para conseguir lo que quieren. Saber qué buscar en las personas que emplean estas técnicas de control es tu mejor defensa contra ellas; una mejor comprensión del control mental y de todos los procedimientos que lo acompañan.

Los manipuladores siguen patrones.

Afortunadamente, por la forma en que funcionan, la mayoría de estas tácticas siguen todas un patrón similar, y como resultado, cuando eres capaz de reconocer un par, se hace mucho más evidente de todos ellos en conjunto. Esta sección se centra en qué tipo de estructura de control mental debes tener, cómo se oculta, y qué hacer si te encuentras con ella. Con cada tipo de control, saber qué tipo de método utilizar y evitar ser manipulado, etc. Ese paso final de reconocer qué hacer cuando se pierde el control es quizás el más difícil, ya que la explicación de su dificultad proviene del hecho de que una comprensión interna es el componente más importante para detenerlo, y eso puede ser difícil de obtener.

Sin embargo, si tienes esta información, puedes usarla para ti en situaciones particulares para ayudar a otros a lograr un objetivo difícil de manera pacífica o para generar dinero. Tomemos, por ejemplo, el negocio de la tierra. La mayoría de las veces, son las cosas que "importan" a una persona las que la motivan a comprar una casa, no si tiene los materiales de construcción más modernos. Los agentes inmobiliarios entienden que las cosas que cuentan se basan en sentimientos simples y primarios.

1

Manipulación y Persuasión

La mayoría de la gente no distingue la manipulación de la persuasión. Son bastante diferentes en aspectos clave. La primera sólo beneficia al manipulador, mientras que la segunda, idealmente, debería beneficiar a ambas personas. En pocas palabras, la manipulación es mucho más insidiosa que la persuasión. El manipulador ve a la otra persona como una herramienta, mientras que el persuasor ve a la otra persona como un socio.

Manipulación

En psicología, la manipulación es un tipo de persuasión. A diferencia de la persuasión normal, la manipulación es encubierta, engañosa o solapada. Al manipulador no le preocupa mentir sobre la situación, siempre que consiga lo que quiere.

El manipulador sólo busca servirse a sí mismo. No le importa herir a la víctima. El objetivo es visto como poco más que un daño colateral, un sacrificio necesario para obtener los resultados deseados. Como tal, las tácticas de manipulación suelen ser bastante explotadoras. El éxito de la manipulación requiere que se den tres conceptos clave.

Estos tres son:

1. Ocultar las intenciones y los comportamientos mientras se mantiene una actitud amistosa desde el principio.
2. Comprender las vulnerabilidades de la víctima o del objetivo y explotarlas en beneficio del manipulador.
3. Ser lo suficientemente despiadado como para no preocuparse por el daño causado a la víctima.

La manipulación puede adoptar diferentes formas. La mayoría de ellas siguen el patrón de ser encubiertas, dañinas y no causar ninguna culpa al manipulador.

Persuasión

Aunque la persuasión implica hacer cambiar de opinión a otra persona, no es necesariamente algo malo. Hay muchas maneras de utilizar la persuasión de forma benévola. La persuasión es cualquier método que cambie activamente los pensamientos, emociones, acciones o actitudes de otra persona hacia algo. Puede hacerse de forma interna hacia uno mismo, cambiando las propias actitudes, o de forma externa hacia otras personas.

La persuasión se utiliza en todas partes. Está presente en los anuncios, la política, las escuelas y las profesiones. Si puede pensar en algo, lo más probable es que tenga algún tipo de capa disuasoria.

Cuando se persuade a alguien, deben estar presentes cuatro elementos clave. Los cuatro elementos son:

1. Alguien que está persuadiendo

2. El mensaje o la persuasión
3. Un destinatario de la persuasión
4. Un entorno en el que se recibe la persuasión

Diferencias Clave

En última instancia, tanto la persuasión como la manipulación son formas de influencia social. Ahí acaban las similitudes. Mientras que la persuasión es positiva, la manipulación no lo es, incluso dentro de la psicología oscura. La manipulación es dañina, despiadada e insidiosa en todos los sentidos.

Cuando decidas si algo es manipulador o persuasivo, hazte algunas preguntas:

- ¿Cuál es la intención que te ha llevado a sentir la necesidad de convencer a la otra persona de algo?
- ¿Eres sincero sobre tus intenciones y el proceso?
- ¿Cómo beneficia esto a la otra persona?

El persuasor tratará de convencer a la otra persona de que sólo está tratando de ayudar. Por ejemplo, puede intentar convencer a alguien de que compre un coche concreto porque le vendrá mejor a su familia. Ofrece datos sobre el otro coche, demostrando su uso y longevidad.

Por otro lado, el manipulador no se preocupa por las necesidades de la otra persona. El manipulador presionará por lo que más le beneficie. No hay buena intención ni verdad. Tampoco es probable que beneficie a la otra persona. De hecho, podría ser perjudicial. Por ejemplo, el manipulador puede intentar vender un coche que no es bueno para el comprador porque el otro coche puede valer más dinero y, por tanto, obtener una comisión mucho mayor. Es probable que el coche no sea muy bueno para lo que necesita el comprador, pero eso no le preocupa al manipulador. El manipulador vería eso como algo que el comprador debería saber por sí mismo. No se molestaría en señalar por qué el comprador está tomando una mala decisión.

La Psicología de la Manipulación

Los sentimientos han adquirido nuevos significados, y algunos trabajos recientes intentan contrastar los sentimientos con las sensaciones para establecer cuál de los dos es el primero. Tras considerar todos los datos y opiniones, podemos clasificar los sentimientos en tres niveles diferentes.

Físicamente, los sentimientos son reacciones de las secciones subcorticales del cerebro en respuesta a los estímulos. Estas reacciones generan respuestas bioquímicas dentro de nuestro cuerpo, modificando así nuestro estado físico. A su vez, pueden obligar a actuar. Por esta razón, también se consideran parte de los instintos de supervivencia del ser humano.

Mentalmente, las emociones son respuestas normales que dan lugar a ciertos pensamientos y circunstancias en la mente, cambiando el estado de ánimo con respecto a los estímulos. Por esta razón, nuestros pensamientos están influenciados por las emociones antes de que podamos pensar en ellas. Por lo tanto, vale la pena recordar cómo te hizo sentir alguien o algo, ya que el espacio de la memoria emocional se almacena para que puedas pensar mentalmente en ello más adelante.

Emocionalmente: Parece una obviedad, pero el componente emocional suele ser el más difícil de comprender. Existen dentro de nosotros más allá de los elementos físicos y mentales en algún lugar. Esta es la función principal de la emoción: lo que sentimos, cómo lo experimentamos y el papel que desempeña en nuestras vidas. En pocas palabras, es la condición emocional general del ser.

Los sentimientos crean un ciclo de reacción perpetuo entre tu cuerpo y tu mente. Pueden controlar o mejorar tus ejercicios. Esto depende totalmente de tu relación con ellos y de tu nivel de entusiasmo. En términos generales, los sentimientos son reacciones a diversas condiciones que van mucho más allá de los aspectos más destacados de las sustancias sintéticas distribuidas dentro del cuerpo. Las facultades emocionales van desde la vivacidad, el shock y la tensión, hasta la angustia, el desprecio y la furia. A pesar de que los sentimientos son una pieza importante de la experiencia humana, tienen el potencial de afectar a sus propias decisiones, y a veces se comete el error de asociar las emociones con todo.

Aunque estas habilidades son importantes en el trabajo, también te ayudarán a mejorar tus habilidades sociales fuera del trabajo. Para mejorar y perfeccionar tu capacidad de apreciar a las personas a un nivel profundo, empieza a prestar más atención a tus sentimientos y a los de los demás, empieza a concentrarte más y a hablar menos, y haz un esfuerzo por abrirte a las perspectivas de los demás.

Consejos sobre cómo Desarrollar la Psicología

Por desgracia, muchos de nosotros dependemos de los tratamientos. La vida se ha vuelto increíblemente confusa y competitiva, hasta el punto de que el mero hecho de mantener la cabeza fuera del agua, por no hablar de compartir la poca energía o el tiempo adicional que se tiene con los demás, es todo un reto.

Además, en la cultura occidental, en los órdenes sociales en los que los individuos y el personal se mueven constantemente, cambian de posición y se trasladan a nuevas comunidades urbanas en las que viven de forma constante, la gran mayoría de las asociaciones se están volviendo superficiales y basadas en el interés. Para comprender las intenciones y los sentimientos de otra persona, emplea todo tu cerebro y préstale toda tu atención. Comprende sus acciones y actitudes, escucha atentamente durante toda la velada si es necesario, siéntete satisfecho con ella o apiádate de ella.

Es especialmente difícil cuando trabajas con una persona insatisfecha.

Piensa en ello antes de hablar.

Una vez que hayas identificado tus sentimientos y detectado lo que los ha provocado, reserva un tiempo para comprenderlos y "metodizarlos" antes de reaccionar. Deja tiempo para que se asiente antes de responder. Cuando te sientas abrumado por las emociones, puede ayudarte entender por qué te sientes así. Cuando entiendes por qué algo te ha hecho enfadar, engañar o humillar, es mucho más fácil decidir cuál debe ser el siguiente paso.

Aprende la importancia del autocontrol.

Si consigues averiguar cómo notar, controlar y comunicar tus sentimientos, utilízalos de forma que te beneficies de una atención y una capacidad de escucha excepcionales. Las circunstancias ideales serán las que te importen. Muchas personas desestiman la necesidad de comunicar sus sentimientos de forma madura. Pasar por alto o reprimir los sentimientos es tan malo para la salud como estallar; es decir, comunicar los sentimientos sin tener en cuenta lo que pueden significar para los demás.

Hay que recordar que, a pesar de ser reprimidos, los sentimientos producen presión tanto externa como interna, y que cuando se habla de los sentimientos de forma precipitada y sin creer en ellos es similar a disparar sin apuntar. Tener más aplomo mental y trabajar siempre para mejorar nuestra integridad es una forma segura de mejorar la conciencia.

2

Principales Técnicas de Manipulación

Todos manipulamos a las personas y las situaciones en varios momentos de nuestra vida. Piensa en decir una mentira piadosa para salvar el pellejo o en utilizar la adulación. Sin embargo, para algunas personas, la manipulación es una forma de vida. Es un arma que utilizan para dominar a sus víctimas. Los sociópatas, psicópatas, narcisistas y otros depredadores sociales son usuarios críticos de la manipulación. Aunque los depredadores pueden tener una serie de técnicas, sólo se dirigen a personalidades concretas. Esto se debe a que su objetivo es manipular a alguien de forma rápida y fácil. Las vulnerabilidades específicas las hacen maduras para la manipulación. Las personas con baja autoestima, ingenuas, con poca confianza en sí mismas y complacientes con los demás son fácilmente manipulables.

Técnicas de Manipulación

La manipulación del pensamiento de alguien no es tan difícil como se cree, y puede tener un impacto significativo en tu capacidad de conseguir que piensen como tú quieres que piensen para que puedas conseguir el resultado que pretendes. Las personas pueden manipular a los demás de siete maneras diferentes. No se trata de estrategias conversacionales como el anclaje o el ritmo, que se utilizan en la persuasión. Más bien, se trata de estrategias esenciales adicionales que desarrollas con las personas con las que hablas y cómo puedes utilizar esa relación para manipularlas para que piensen y tomen decisiones que te sean favorables. Las siguientes estrategias son una parte importante de la manipulación.

Confía en ello

Es importante contar con la confianza de los interlocutores. Cuando la gente confía en ti, es mucho más probable que te escuche. Se sentirán más obligados a mantener conversaciones contigo, será más probable que respeten lo que dices, y será más probable que estén de acuerdo o te obedezcan cuando ejerzas tu autoridad. Para ganar confianza en la relación, hay que utilizar tácticas como la de la imitación y, en general, ser digno de confianza. Demuestra que te importa de verdad lo que te dicen y que te interesa su bienestar. Hazles sentir que pueden confiar en tu capacidad de pensar por su bien para que no tengan que hacerlo cuando estén contigo. De este modo, cuando les hagas una petición, una sugerencia o una orden subliminal, es mucho más probable que la cumplan porque saben que piensas en su mejor interés.

Porqué

Hay que tener una causa cuando se utiliza cualquier tipo de estrategia de manipulación. Esto significa que tienes una buena razón para que alguien haga algo. Cuando tienes una razón por la que querrían o deberían querer hacer algo, es mucho más probable que quieran hacerlo. Lo increíble de la manipulación es que no necesitas tener una verdadera causa. Mientras la causa sea algo que pueda percibirse como importante y relevante, puedes utilizarla y funcionará.

Hipnosis Secreta

Manipular a las personas hipnotizándolas sin que lo sepan es una poderosa forma de manipulación. Técnicamente, esto se logra mediante el uso de técnicas de persuasión como el ritmo y el anclaje. Esto se menciona en la posición de manipulación porque es importante y relevante en ambas estrategias. Si quieres persuadir y manipular a las personas para que hagan lo que quieres que hagan, hipnotiza en secreto. Esto también es relevante e importante para el engaño y los mensajes subliminales.

Cuando la gente está hipnotizada en secreto, puedes hablar directamente a su subconsciente. No tienes que preocuparte de que sus mentes conscientes interfieran. Mientras que debes acomodar su mente consciente durante la conversación, tienes una línea directa de comunicación con su mente subconsciente para ayudar a activar tus estrategias de control mental. Cuando quieras tener el control de una conversación, es fundamental que entiendas lo importante que es este proceso y lo actives en cada conversación

Utilizar Tácticas Irrelevantes para Lograr Objetivos Relevantes

Tal vez ya hayas oído hablar de esta técnica, pero una de las mejores maneras de conseguir que alguien diga que sí a lo que realmente quieres que diga que sí es conseguir primero que diga que sí a cualquier cosa. A menudo, hay que empezar por conseguir que digan que sí a cosas aparentemente irrelevantes para el conjunto. Por ejemplo, si deseas que compren un televisor, primero puedes conseguir que digan que sí preguntándoles si están interesados en tener un salón más lujoso o un espacio más cómodo para el entretenimiento. De este modo, podrás atraerlos de forma natural hacia el televisor y conseguir que digan que sí a las ventas más grandes. También puedes utilizar esta técnica en muchos otros ámbitos. La puedes utilizar para conseguir que la gente tenga una cita contigo, para que vayan a algún sitio contigo, para que te regalen cosas o para que hagan cualquier otra cosa que quieras que hagan. Esta estrategia de manipulación realmente te da el control y te ayuda a conseguir lo que quieres. Pronto podrás conseguir que digan que sí a cosas increíblemente grandes.

Utilizar Sus Sentimientos

Discutir con la lógica puede ser difícil porque la mayoría de la gente se mueve por los sentimientos, no por la lógica. Incluso si son personas muy lógicas, es más probable que se dejen llevar por la lógica y las emociones, no sólo por la lógica. Por eso, meterse en su estado emocional y utilizar sus sentimientos para obtener los resultados deseados suele ser la mejor manera de conseguir lo que se quiere.

Prueba de Resultados

La gente siempre ha sido más propensa a actuar cuando hay pruebas de que los resultados son los que buscan. Por eso, tener pruebas de los resultados que pueden esperar al hacer lo que dices será de gran ayuda para salirte con la tuya. Piénsalo así: los humanos somos animales de rebaño; no nos gusta quedarnos atrás ni sentirnos como si fuéramos el único. Si tienes pruebas de que otros lo han hecho, las personas con las que hables querrán ser también una de esas personas. No querrán quedarse fuera o sentirse como los únicos que no lo hacen, así que naturalmente se sentirán infinitamente más inclinados porque quieren seguir al rebaño.

Autoridad

La gente está más dispuesta a obedecer a alguien que habla y actúa con autoridad que a alguien que parece estar intimidado o inseguro sobre lo que dice. Si te sientes inseguro, vacilante en tu postura o pareces poco seguro de ti mismo, la gente lo notará y se sentirá menos obligada a escucharte. No les gusta seguir a los que no son seguros y fuertes. Esto podría llevarles a una situación en la que no quieren estar.

Sin embargo, si te diriges con autoridad a través de la confianza, la fuerza y la certeza, la gente va a asumir que sabes lo que estás hablando, y se sentirán más inclinados a escuchar y cumplir. La manipulación se basa en gran medida en saber imponerse en una conversación y aprovechar las tendencias naturales de una persona. Puedes utilizar este conocimiento en tu beneficio y crear una situación en la que puedas mantener el control de la conversación y manipular las emociones y los sentimientos de las personas para que trabajen a tu favor, entendiendo cómo reaccionan, actúan y piensan.

Los Pilares de la Manipulación

1. Utilizan la Narrativa:

Estar preparado para integrar historias con realidades prácticas es una espléndida estrategia que utilizan los abogados. La mente está obligada a apreciar, prestar atención a una historia y retener el asunto, esto no será tan fácil si se sumerge en un torrente de realidades y estadísticas. Las historias suelen eludir la parte legítima del cerebro y hacen que uno se imagine más con sus sentimientos que con las realidades, y esto es lo que se necesita cuando se intenta construir un caso sólido para uno mismo. Sólo ten cuidado de que alguien intente usar esta táctica contra ti y te haga caer en un mal argumento debido a que atraen a tu mente lógica al estado casi hipnotizado que se produce al ser absorbido por una buena historia. Esto aumenta tu capacidad de sugestión y disminuye tu capacidad de concentrarte en los hechos.

2. Conocen a su público:

Los grandes abogados destacan las verificaciones históricas sobre los oyentes esperados y los jueces que podrían tener que manejar e intentan lo más posible para asegurarse de que pueden manejar a quien es elegido para participar en sus casos. Asumiendo que pueden tomar ese componente, intentan sugerir que sus casos y métodos generales de impartir se adapten a la multitud que presentarán. Nunca se sabe cuándo puede acabar en una circunstancia en la que tenga que discutir adecuadamente con individuos que no están acostumbrados a su estilo típico. Sabes lo mucho que puedes aprender de los individuos a los que te diriges si influyes en ellos para que se acerquen a tu lado. Tienes que averiguar cómo hablar con ellos en su nivel y evitar el peligro de no conseguir lo que necesitas debido a pequeños malentendidos y falta de comunicación.

3. Muestran y no cuentan cuando es posible:

El cerebro se siente más atraído por las historias y las imágenes que por las realidades sin más. Con frecuencia son realmente intrigantes y más fáciles de retener para el cerebro que las fechas, los estudios y las percepciones. Los mejores abogados lo saben mejor que nadie y lo aprovechan al máximo. Introducirán pruebas siempre que sea posible, en lugar de aludir a ellas esencialmente. Continuarán apuntando a ella, aunque el público sepa que está ahí, para seguir apoyando la "honestidad" de sus casos y restaurarse como el experto en esa experiencia específica, ya que tienen una prueba visual de la verdad aparente. Ten en cuenta a alguien que esté continuamente insistiendo en una prueba que te haya mostrado. Cuestiónalo a pesar de haberlo visto. Asegúrate de no sucumbir al viejo truco de la confusión sólo para ser engañado por un manipulador maldito.

4. Son razonables:

Hay momentos en los que atrincherarse en los talones y cerrar la mandíbula puede jugar en contra de uno, incluso cuando se tiene la razón. Los abogados extraordinarios lo saben y pueden recalibrarse para adaptarse a la colaboración y aumentar las probabilidades de conseguir lo que quieren. Puedes considerar hacer esto en tu propia vida cuando encuentres enfoques poco importantes en los que coincidas con tu rival para derribar sus salvaguardas. Cuando su guardia haya caído, puedes volver y mostrarles la razón desde tu punto de vista. Esto puede ser una estrategia extraordinaria, ya que los individuos están obligados a ponerse a trabajar cuando parece que el poder es la principal salida, así que de la nada, cambiando el juego en ellos puedes confundirlos para que piensen que están consiguiendo lo que necesitan (para ser percibidos por los demás) mientras que tú los estás atrapando encubiertamente en tu trampa desde un ángulo alternativo.

5. Apelan a la emoción:

No hay nada más arraigado que tener la opción de utilizar los sentimientos para mantener a alguien tambaleándose y hacer que coma del centro de su mano. Los defensores lo harán regularmente volviendo locos a los observadores en el resto para hacerlos buenos en su declaración, si les conviene; haciendo que un jurado se sienta fatal por un litigante, sea o no culpable; haciendo que los clientes potenciales confíen en ellos, sin importar si es para la ventaja más significativa del cliente o no. Asegúrate de mantener constantemente la cabeza y utilizar los sentimientos de tu rival en su contra cuando sea factible. Ganar o perder en las rondas de controles se reduce con frecuencia a los sentimientos más que a las realidades. Independientemente de si estás intentando persuadir o evitar que te influyan, mantener tus sentimientos bajo control mientras te aseguras de que tu objetivo no lo haga será la principal consideración para que salgas como la persona en cuestión o vencedora en este tipo de juegos resbaladizos.

6. Observan el lenguaje corporal del público

El lenguaje corporal es con frecuencia una consideración central en la forma en que las personas te ven y te transmiten. Los mejores abogados cambian su actitud según las circunstancias, por lo que su mensaje se transmite a varios niveles. Además, la comunicación no verbal se aprovecha de las neuronas espejo de los individuos y puede hacer que su naturaleza para copiar se utilice en su contra. Reflejar la comunicación no verbal de alguien puede hacer que se sienta reconocido o marginalmente asustado, como si estuvieras adivinando sus pensamientos. Ver que alguien se refleja en ti es frecuentemente una señal de que está obligado a aceptar lo que dices. En otras ocasiones, tienes que utilizar esto para percibir cómo se sienten las personas respecto a ti y responder de forma similar cuando sea necesario. Las habilidades del lenguaje corporal pueden ser un aparato para entender las personalidades y controlar las emociones.

7. Utilizan preguntas capciosas

Dirigir preguntas es el método más querido por muchas personas en el negocio legítimo, ya que les permite controlar los puntos de vista, lo que puede hacer ganar o perder casos y futuros clientes. Si alguien te pregunta: "¿en qué medida desprecias el hockey?". No te están ofreciendo la opción de disfrutar del hockey. La pregunta, a partir de ahora, acepta que estés de acuerdo con el individuo que la hace y, esencialmente, solicita cuánto consientes para demostrar que estás de su lado. Cuidado con los individuos que utilizan preguntas como esta en tu contra. Esta estrategia puede hacer que no entiendas que estás siendo atraído a la trampa de tolerar una razón que no es consistente contigo. La influencia no es un punto o un error; se trata de ganar.

8. Se aseguran de mantener el rumbo de sus argumentos

No verás regularmente a los maestros abogados desviarse para salvaguardar las no-contenciones o su nobleza, excepto si el caso depende de ello. Los mejores destacarán sistemáticamente lo que ha comenzado su alegato mientras intentan enredar su resistencia con las sutilezas de sus argumentos. Esta es una ilustración que urge aprender, suponiendo que necesitas ser más persuasivo en tu propia vida. Lo mejor sería que tuvieras la opción de presentar tus expresiones y argumentaciones que parezcan firmes y de cemento mientras debilitas silenciosamente la de tu rival. Necesitas que dejen su juego para jugar al tuyo. Cuando les haces jugar a tu juego, has conseguido el triunfo. Debes mantenerlos en tu mundo.

3

Manipulación Emocional

En este capítulo, exploraremos cómo las personas que muestran rasgos de personalidad desviada pueden utilizar la psicología oscura para manipular y controlar a los demás.

Tipos de Manipulación Emocional

Discutir el comportamiento manipulador con precisión requiere dos perspectivas: desde la perspectiva de la psicología clínica y desde la perspectiva de las relaciones cotidianas. Comenzaremos discutiendo los diferentes tipos de manipulación emocional utilizando la terminología clínica. Muchos psicólogos clínicos han estudiado y clasificado la conducta manipuladora de acuerdo con teorías bien establecidas sobre la modificación de la conducta y el aprendizaje cognitivo. Primero veremos algunas de las técnicas identificadas por algunos de estos psicólogos antes de ver ejemplos del mundo real y señales de que alguien está tratando de manipularte.

Categorías de Comportamientos Emocionalmente Manipuladores

Es importante comprender la dinámica básica de las relaciones manipuladoras y abusivas. Cada uno de estos tipos generales de relaciones puede caracterizarse por tipos específicos de comportamiento. Los psicólogos han identificado muchas técnicas específicas de modificación de la conducta que suelen emplear los manipuladores emocionales. Algunas de estas técnicas incluyen:

- **Refuerzo Positivo:** Esta técnica fue descubierta por el psicólogo conductista B.F. Skinner, cuyos experimentos con pequeños animales en jaulas dieron lugar a la teoría del condicionamiento operante. Utilizó jaulas con dos palancas en su experimento para demostrar la teoría del refuerzo positivo. Cuando el animalito empujaba una palanca, no ocurría nada, pero la otra producía una bolita de comida. Mediante el refuerzo positivo, los animales aprendieron rápidamente qué palanca debían empujar para obtener su recompensa.

  Los manipuladores emocionales utilizan el refuerzo positivo como estrategia a través de técnicas como los elogios, las demostraciones falsas y superficiales de emociones como el encanto y la simpatía, las recompensas excesivas que incluyen regalos, dinero, aprobación y atención, y otras demostraciones externas de emociones destinadas a hacer sentir bien a la víctima.

- **Refuerzo Negativo:** El experimento de Skinner también demostró la eficacia del Refuerzo Negativo. Para esta parte del experimento, se colocaron de nuevo pequeños animales en jaulas con dos palancas. Esta vez, las jaulas estaban cargadas con un bajo voltaje de electricidad, causando una pequeña molestia a los animales colocados dentro. Los animales entraban en las jaulas y pulsaban una de las dos palancas. Una de las palancas no tenía ningún efecto, mientras que la otra cortaba la corriente eléctrica, aliviando el malestar. Los animales aprendieron rápidamente a pulsar la palanca que reducía su dolor.

Los manipuladores emocionales también emplean el Refuerzo Negativo en sus estrategias, utilizando técnicas como sacar a alguien de una situación difícil o liberarlo de la responsabilidad de completar un trabajo o tarea previamente acordada a cambio de algún tipo de favor.

- **Refuerzo Intermitente:** El Refuerzo Intermitente, que puede ser positivo o negativo, se utiliza para inculcar la duda, el miedo o la incertidumbre. Un manipulador emocional puede "entrenar" a su víctima imponiéndole mecanismos inconsistentes de recompensa y castigo con el fin de reducir la sensación de control, autonomía y confianza de la víctima.

En una relación romántica, por ejemplo, el depredador puede condicionar a la víctima a llevar una ropa específica, a escuchar una música concreta, a comer unos alimentos determinados y a trabajar en un empleo específico. A medida que la víctima adquiere confianza en esta relación, el depredador puede desanimar a la víctima, que se verá sorprendida. Cuando la víctima intenta responder, el manipulador puede cambiar de táctica una vez más.

- **El castigo:** es una forma muy básica de manipulación emocional que puede implicar toda una serie de comportamientos psicológica y emocionalmente negativos y perjudiciales, como amenazas, gritos, regaños, quejas, intimidación, insultos, culpabilidad y otras formas de chantaje emocional. Los depredadores hábiles pueden encontrar la manera de incorporar este comportamiento abusivo y controlador en la relación a lo largo del tiempo, para que la víctima desarrolle una tolerancia al abuso.

Esta técnica es similar al uso de castigos, pero en lugar de ser una característica de una relación a largo plazo, estas técnicas implican episodios discretos en los que el manipulador utiliza el abuso verbal, las muestras de ira y otras formas de dominio e intimidación para disuadir a la víctima de participar en ciertos tipos de comportamiento.

Tipos Específicos de Manipulación Emocional

Dentro de estas categorías principales de técnicas de manipulación emocional, los psicólogos también han identificado una amplia gama de variaciones más sutiles que probablemente todos encontremos a diario. Estas técnicas incluyen:

- **Mentir:** Las personalidades de la Tríada Oscura, especialmente los psicópatas, son muy hábiles para mentir y engañar, por lo que a menudo no detectamos su intención hasta que es demasiado tarde. Cuidado con los que han demostrado un patrón de deshonestidad.
- **Mentir por omisión:** La mentira por omisión es un poco más sutil. Puede que el depredador no diga nada que no sea cierto, pero puede ocultar información que es necesaria en un esfuerzo por hacerte fracasar.
- **Negación:** A menudo el daño de la manipulación emocional se inflige después del hecho. Cuando te enfrentas a alguien con las pruebas de su deshonestidad y abuso, su negativa a admitir su maldad puede causar un daño psicológico aún mayor.
- **Racionalización:** El aumento de la popularidad de los medios de comunicación ha provocado el crecimiento de las empresas de relaciones públicas y de marketing que

producen "giros" para desviar las críticas tanto en el ámbito político como en el empresarial. La racionalización es una forma de giro en la que un manipulador explica su abuso.

- **Minimización:** Es una forma de negación en la que el depredador subestima la gravedad de su delito.
- **Atención Selectiva y/o Desatención:** Los manipuladores elegirán qué partes de un argumento o debate deben considerarse para que sólo se representen sus puntos de vista.
- **Desviación:** Los manipuladores se resisten a dar respuestas directas a las preguntas cuando se enfrentan a sus víctimas. En su lugar, desviarán la conversación a otro tema o cambiarán el tema por completo.
- **Evasión de la Responsabilidad:** Más grave que la distracción, una persona manipuladora que se enfrenta a su propia culpabilidad suele evadir su responsabilidad utilizando largas y rebuscadas respuestas llenas de las llamadas "palabras comadreja", como "la mayoría de la gente diría", "según mis fuentes" u otras frases que legitiman falsamente sus excusas.
- **Intimidación Encubierta:** Muchas personas manipuladoras hacen amenazas implícitas para disuadir de que se hagan más averiguaciones o se resuelvan.
- **Integridad:** Una verdadera forma de manipulación emocional, un manipulador explotará la integridad y la conciencia de la víctima acusándola de ser demasiado egoísta, demasiado irresponsable, o de no preocuparse lo suficiente.
- **Avergonzar:** Aunque la vergüenza puede utilizarse para provocar un cambio social cuando las grandes empresas o los gobiernos promueven políticas abusivas o discriminatorias, los manipuladores pueden intentar intimidar a sus víctimas utilizando críticas agudas, comentarios sarcásticos o insultos para hacerlas sentir mal.

- **Culpabilizar a la Víctima:** Esta táctica es cada vez más habitual. Cuando una víctima acusa a un depredador de abuso, el depredador intentará darle la vuelta creando un escenario en el que la víctima es la única responsable del daño que le causó. El depredador también puede intentar acusar a la víctima de ser el agresor al quejarse de la violación.
- **Simpatía:** Utilizando la táctica opuesta de culpar a la víctima, el depredador atraerá a una persona consciente a una trampa fingiendo que ha sido herida gravemente y cultivando sentimientos de simpatía. El verdadero plan, sin embargo, es aprovecharse de la naturaleza solidaria de la persona preocupada jugando con sus emociones.
- **Jugar a ser Sirviente:** Esta táctica es común en entornos marcados por una cadena de mando estricta y bien establecida, como el ejército. Los depredadores se vuelven hábiles para manipular este sistema creando una imagen de sufrimiento y nobleza en la que sus malas acciones se justifican como deber, obediencia y honor.
- **Seducción:** Esto no siempre se asocia con la conquista sexual o la intimidad. Los depredadores emocionales pueden utilizar la adulación y el encanto para convencer a la gente de que haga su voluntad, y a menudo buscan a personas con baja autoestima.
- **Proyección:** Este término se utiliza en psicoterapia. Los depredadores que utilizan esta técnica buscan víctimas para utilizarlas como chivos expiatorios. Cuando el manipulador hace algo malo y es confrontado, "proyectará" su culpa en la víctima en un esfuerzo por hacer que la víctima parezca la parte responsable.
- **Fingir Inocencia:** Esta técnica puede utilizarse como parte de una estrategia de negación. Bajo el interrogatorio, el manipulador se "hará el inocente" fingiendo que cualquier violación fue involuntaria o que no fue él quien la cometió. Un manipulador hábil que carece de moralidad

y empatía puede tener mucho éxito en plantar la semilla de la duda.

- **Fingir Confusión:** Esta técnica también puede utilizarse como parte de una estrategia de negación. Bajo el interrogatorio, el manipulador se "hará el tonto" o fingirá estar confundido sobre el punto central del conflicto o la disputa. Al crear confusión, el manipulador espera dañar la confianza de su víctima.
- **Afirmaciones:** Utilizando afirmaciones, verdaderas o no, de que los amigos, socios o "todos los demás" de la víctima están haciendo algo, el manipulador presionará a su víctima para que cambie su comportamiento o actitud.

Señales De Que Te Están Manipulando

Todos somos vulnerables a la manipulación emocional por parte de personas que aplican tácticas psicológicas oscuras. En nuestras interacciones diarias con compañeros de trabajo, jefes y supervisores, miembros de la familia y personas cercanas, podemos ser víctimas. La manipulación emocional también puede producirse en las relaciones profesionales con personas que podríamos considerar de confianza, como representantes de ventas, funcionarios del gobierno y representantes de instituciones como centros médicos, bancos, empresas, escuelas y bufetes de abogados.

Todos los manipuladores emocionales tienen algo en común: buscan a personas diligentes, fiables, leales, honestas y dignas de confianza. Dado que todos los métodos de la caja de herramientas del manipulador están diseñados para aprovechar estos atributos emocionales y psicológicos, las personas con estos rasgos de carácter son las más sencillas de influenciar. Además, los manipuladores emocionales carecen de empatía y moral. No ven sus fechorías como algo sorprendente o desagradable, sino como una "seguridad laboral" y una buena oportunidad.

Los manipuladores emocionales existen en muchos aspectos de la sociedad. Han aprendido a adaptarse, a mezclarse e incluso a alcanzar grandes niveles de éxito profesional y financiero en el "mundo honesto" a lo largo de su vida. Recuerda que eres una persona consciente si tienes una expectativa razonable de que los demás sean honestos en sus tratos contigo. Los manipuladores emocionales son hábiles para explotar esta expectativa y evadir la detección y/o el castigo, a pesar de que están en una posición superior.

Las personas emocionalmente manipuladoras, como hemos visto, emplean una amplia gama de técnicas y métodos para obtener influencia en las relaciones. Además, las personas más cercanas y familiares, los individuos en los que más deberías confiar, están en la mejor posición para explotar y aprovecharse de tu confianza mediante la manipulación emocional. De hecho, uno de los aspectos más importantes de un intento exitoso de manipular la vulnerabilidad emocional de alguien e influenciarlo, ya sea para beneficio personal o por pura malicia, es crear confianza y familiaridad.

Por supuesto, el hecho de que esta forma de abuso sea cada vez más frecuente no significa que debas etiquetar automáticamente a todos tus amigos y socios como controladores y manipuladores. Resiste la tendencia a ver la honestidad y la conciencia como un problema. Por otra parte, las víctimas de la manipulación emocional suelen ignorar que están siendo manipuladas y explotadas, por lo que es fundamental entender cómo detectar los signos de manipulación.

Lograrás un mayor grado de felicidad y éxito y podrás evitar muchos de los problemas que acosan a las personas que no son conscientes de lo que les ocurre o que han sido intimidadas para que no reaccionen, ideando una forma más sana de resolver las disputas y los conflictos o ideando una estrategia de salida para protegerte de cualquier daño adicional ideando una estrategia de salida para protegerte de cualquier daño adicional.

Es posible que hayas sido explotado o violado por un depredador emocional en el trabajo o en tu vida personal. Como mínimo, la prevalencia de este comportamiento anormal y el grado en que se ha aceptado es alarmante. La siguiente lista se aparta de las descripciones más teóricas y clínicas del comportamiento depredador para ofrecer ejemplos más vívidos del tipo de comportamiento que podría sugerir la manipulación emocional.

Ejemplos Concretos de Manipulación Emocional

Insistir en reunirse en determinados lugares: Los manipuladores pueden tratar de obtener la ventaja insistiendo en la llamada "ventaja de campo", obligándote así a funcionar en un entorno menos familiar que disminuye tu poder de negociación personal.

Ejemplos:

Si tienes una disputa con un conocido o colega profesional, puede insistir en reunirse en su oficina o en un café o restaurante al que te resulte más difícil desplazarte.

Si tienes una relación personal, es posible que tu pareja insista siempre en que te reúnas con él o ella en su lugar favorito y en que te reúnas con sus amigos. Puede que muestren poco interés en corresponder cuando les invitas a participar en una actividad social que te resulta gratificante.

Intimidad o cercanía prematura: El manipulador te colmará inmediatamente de afecto y te revelará todo tipo de secretos íntimos.

Ejemplos:

En una relación personal, el manipulador puede empezar diciendo: "Nadie me ha hecho sentir así antes" o "Sé que estamos destinados a estar juntos". Este tipo de intimidad y cercanía puede ocurrir también en un entorno profesional. "Sabes, he estado observando tu trabajo y puedo ver lo hábil y talentoso que eres", puede decir un compañero de trabajo que no conoces bien, "Nadie te da nunca el crédito que mereces".

Manejar las conversaciones exigiendo siempre que tú hables primero: En las relaciones profesionales, esto se utiliza comúnmente como una técnica de venta y negociación a fin de minar tu información para hacer una venta más lucrativa.

Ejemplos:

Un vendedor puede decir algo como: "En lugar de aburrirte con detalles sobre nuestros productos o servicios, ¿por qué no me hablas de ti y de cómo crees que podemos ayudarte?"

En las relaciones personales, esta técnica puede utilizarse para obtener una ventaja de poder. Los manipuladores hábiles ocultarán sus verdaderos motivos diciendo cosas como: "Puede que me haya equivocado, pero primero me gustaría escuchar tu versión de la historia...".

Distorsionar o tergiversar los hechos: Tanto en las relaciones personales como en las profesionales, los manipuladores utilizarán técnicas de conversación para distorsionar los hechos en un esfuerzo por hacerte dudar y retroceder.

Ejemplo:

Un manipulador puede utilizar una frase como: "Entiendo cómo te sientes. Yo también me enfadaría. Pero la verdad es que nunca hice ese comentario. No creo que tu recuerdo de esa conversación sea exacto. Sé que lo que querías decir era que...

4

Persuasión Oscura

La persuasión se utiliza todo el tiempo a nuestro alrededor. Estás acostumbrado a este tipo de influencia si alguna vez has visto un anuncio en la televisión o en Internet, o has leído un artículo de prensa. Pero en este caso, veremos la persuasión a un nivel más local. Este es el tipo de cosas que todos notamos, así que no es un truco o un control aburrido. Veremos algunas de las formas en que un manipulador utiliza la persuasión para conseguir lo que quiere sin que nos demos cuenta.

Elementos de Persuasión

En relación con la influencia, hay que tener en cuenta algunos elementos, al igual que con otros tipos de control. Estos elementos ayudan a determinar qué impacto lo aclara. Por ejemplo, la capacidad de persuadir a los demás. El oyente puede tomar sus propias decisiones. Por último, los métodos de persuasión convencen a las personas para que cambien de opinión y sigan las indicaciones del persuasor. El sujeto puede elegir cómo quiere recibirla, si quiere comprar algo o no, y si cree que las pruebas que apoyan la influencia son lo suficientemente convincentes como para cambiar de opinión. Hay algunos componentes de esta influencia que ayudan a representarla de forma exhaustiva, al tiempo que nos proporcionan una comprensión más profunda de este desconcertante tema.

El hecho de que la influencia sea frecuentemente icónica es el aspecto más importante de este tema. Esto sugiere la persuasión mediante el uso de palabras, sonidos e imágenes para comunicar una idea a un oyente objetivo. Hay un razonamiento bastante simple detrás de esto. Para que una persona pueda persuadir a otra para que se comporte con un objetivo específico, primero debe demostrar por qué debe actuar con tristeza, y no al revés. La mejor manera de lograrlo es mediante el uso de sonidos de palabras y otras imágenes.

Para demostrar tu posición, puedes utilizar el lenguaje para iniciar un debate o una discusión. Las imágenes son una forma excelente de demostrar las pruebas necesarias para persuadir a alguien. Hay ciertas señales no verbales que se pueden utilizar. Sin embargo, no siempre son tan eficaces como las palabras y las imágenes. El siguiente punto es que la influencia se utilizará para influir deliberadamente en cómo actúan o piensan los demás. Esto es evidente; no se utiliza la influencia para persuadir a la gente de que cambie, siempre que no se intente influir en los demás a propósito. El persuasor utilizará una variedad de métodos para persuadir al sujeto de que lo adopte de la misma manera que ellos.

Esto puede ser tan sencillo como dialogar con ellos o mostrarles pruebas que apoyen su punto de vista. Sin embargo, para hacer cambiar de opinión al sujeto, podría implicar métodos mucho más difíciles. La influencia tiene la característica obvia de permitir al sujeto hacer una elección. De este modo, se les da la libertad de tomar sus propias decisiones. Por mucho que alguien intente persuadirles de algo, no es necesario que se esfuerce al máximo en la mayoría de los casos. Aunque el sujeto escuche mil anuncios sobre el mejor coche para comprar, si no le gusta la marca o no necesita un vehículo nuevo en ese momento, no saldrá a comprarlo.

Piensa en esto: si el sujeto se opone a la interrupción prematura del embarazo, independientemente de cuántas personas se presenten para recalcar lo increíble que es la eliminación del feto, es poco probable que cambie de opinión. Esto proporciona una capacidad de decisión significativamente mayor que otros tipos de control cerebral, lo que puede explicar por qué muchas personas no creen que esto sea un tipo de control mental cuando se enfrentan a él. La influencia es un tipo de control mental que puede adoptar muchas formas. Mientras que el entrenamiento, el hechizo y el control deben tener lugar cara a cara, y en algunos casos con una separación incompleta, la influencia puede tener lugar de otras maneras.

Persuasión Subliminal

La influencia subconsciente se refiere a un mensaje de marketing que se muestra por debajo de la línea de atención del comprador para persuadir o convencer a las personas de que cambien de opinión sin que sean conscientes de ello. Se trata de persuadir a las personas por medios distintos a las palabras. Algunos de nuestros avances en materia de olores, percepción visual, sonido, contacto y gusto están influidos por estrategias de influencia subconsciente. Existen principalmente tres estrategias subliminales para influir en alguien. Son las siguientes:

Construir una relación: Construir una relación hace que el otro individuo se sienta bien. Esto hará que el otro individuo esté más a gusto. Esto puede ser refinado a través de un poder de percepción de sonido que coordina con su disposición o estado. Estas ayudas reúnen la confianza.

El poder de la conversación: La fuerza de un individuo asombroso y persuasivo se asocia abundantemente a la transformación de un publicista. Las palabras adecuadas contribuyen a tu sencillez.

En una conversación o asociación, sugerir cosas útiles y beneficiosas a un compañero de poder permite a un individuo estar más abierto a nuevas consideraciones.

Técnicas Básicas de Persuasión

Se pueden utilizar algunos procedimientos para que la influencia tenga más éxito. Cada día se introducen diferentes tipos de influencia para todos los oyentes. Por ejemplo, una organización cinematográfica se centrará en convencer a sus oyentes. Desde la introducción de este tema, predominan tres estrategias de influencia.

Crear una necesidad

Esta es una de las estrategias que el controlador utiliza con frecuencia para cambiar la perspectiva de su oyente. Esto crea una necesidad, o más exactamente, un deseo de una necesidad que el individuo ya posee. El oyente comerá de la mano de los persuasores, suponiendo que se haga bien. Esto indica que, de forma análoga a la demanda de autorrealización, el controlador debe hacer uso de las necesidades básicas de los oyentes. La comida, por ejemplo, es algo con lo que la mayoría de la gente tiene que conformarse, y la necesidad retardada será un tema serio. Hay más posibilidades de éxito si el especialista puede persuadir al sujeto de que su tienda es fantástica, o si puede recibir más comida o refugio cambiando sus creencias.

Utilización de Ilustraciones y Palabras

Las palabras que uno elige pueden tener un gran impacto en la capacidad de influencia. Cuando se habla de algo, hay muchas formas diferentes de transmitir los pensamientos. Cuando se intenta utilizar la persuasión, decir las palabras adecuadas de la manera apropiada es lo que tendrá un mayor impacto.

Trucos Utilizados por los Medios de Comunicación y la Publicidad

Los medios de comunicación utilizan dos estrategias principales para convencer a las masas. La primera es el uso de imágenes, al igual que la utilización de sonidos.

Imágenes

El ojo de nuestra mente y las regiones de manejo visual son increíbles. ¿Has pensado alguna vez en un individuo sin acabar imaginando su aspecto? Esto hace que el simbolismo y el control visual sean una estrategia favorecida por los medios de comunicación. Las organizaciones incorporan con frecuencia imágenes de una fracción de segundo de sus artículos o personas incrustadas en un anuncio que parece ser muy honesto a primera vista. Esto es normalmente un tipo de influencia subconsciente. Estas breves imágenes instantáneas que normalmente se aceptan, por regla general, acaban tomando algún tipo de control de la persona en cuestión, lo que la convence de adquirir ese servicio específico.

Sonido

El sonido es un truco más que utilizan los medios de comunicación bajo la influencia de oyentes despistados. Algunas personas, en general, desestiman los poderes que existen en el sonido. Pero para responder a esto, ¿cuántas veces has escuchado una canción para que suene continuamente en tu mente? Las canciones suelen influirnos aunque no seamos conscientes de ello. Incluso sabiendo que la estás escuchando. Esto es algo que los medios de comunicación explotan la mayoría de las veces para seguir buscando la influencia de las masas. Regularmente habrá unas cuantas expresiones encubiertas y refritas en una melodía de aviso que, con toda probabilidad, te persuadirá para que te inclines a favor de una organización sobre la otra. Un ejemplo de esto se puede ver en McDonald's. La canción "I love it" se repite con frecuencia para convencer a los clientes de que compren continuamente sus comidas.

Técnicas de Persuasión Oscuras a Tener en Cuenta

Después de conocer los diferentes tipos de influencia y lo que todos ellos significan, podrás darte cuenta de por qué la influencia tenue es tan peligrosa para el individuo en cuestión. Tener la capacidad de comprender los muchos enfoques que el controlador puede emplear te ayudará a entender lo que está sucediendo cuando se está utilizando en ti. Entonces, ¿cómo va a utilizar exactamente un persuasor tenue esta estrategia para lograr sus objetivos? El controlador empleará una o dos tácticas, aunque las siguientes son las más conocidas.

La Estafa Larga

La Estafa Larga es la principal estrategia que analizaremos. Este método es un poco lento y requiere mucho tiempo, pero teniendo en cuenta el tiempo que lleva y lo difícil que es darse cuenta o incluso señalar cuando algo ha ido mal, podría ser eficaz. Una de las principales razones por las que algunas personas se resisten a ser influenciadas es que creen que la otra persona les está presionando, lo que les hace retroceder. También evitarán a la persona que intenta persuadirles si perciben una falta de conexión o confianza con la persona que intenta persuadirles.

El éxito de la estafa larga se basa en su capacidad para superar estos obstáculos fundamentales y ofrecer al persuasor exactamente lo que desea. El persuasor aburrido se tomará todo el tiempo que necesite para ganarse la confianza de su audiencia en la estafa larga. Intentará conocer al individuo en cuestión y asegurarse de que confía en él y le gusta. Esto lo hará el persuasor mediante la construcción de afinidades falsas, que a veces pueden parecer excesivas, y otros métodos que ayudan a aumentar el nivel de comodidad entre el persuasor y su objetivo.

Cuando el persuasor observa que el oyente está preparado mentalmente, comienza sus esfuerzos. Comienza por persuadir gradualmente a la persona, y luego el oyente se da cuenta de cómo hacer lo que el persuasor quiere. El persuasor se beneficiará de esto de dos maneras. La primera y más importante es que el oyente se acostumbra al impacto del persuasor. La segunda es que el oyente formará una relación psicológica entre la persuasión y una consecuencia positiva. Dado que el persuasor prefiere no hacer demasiado evidente lo que está haciendo, la estafa larga tardará en completarse. Por ejemplo, una mujer recientemente afligida es vista como débil debido a su edad. Después de su desgracia, un hombre empieza a conocerla. Este hombre es posiblemente alguien que ella conoce de la iglesia o incluso un miembro de la familia. Comienza a invertir más energía en ella, dándole una gracia y una tolerancia colosales, y no tarda demasiado en bajar su guardia cuando él se acerca.

Entonces, como ya hemos dicho, este hombre procede a ejecutar algunos ejemplos más modestos de buen efecto. Puede que le hable de un mejor balance financiero para usar o de una mejor manera de reducir sus facturas mensuales. El hombre trata de usar alguna influencia turbia una vez más. Puede intentar persuadirla para que le deje ahorrar parte de su dinero. Ella acepta debido a la influencia favorable que se utilizó anteriormente. Obviamente, el hombre tratará de sacar todo lo que pueda de ella. Suponiendo que el controlador sea lo suficientemente talentoso, ella podría sentir que él intentó ayudarla, pero que el dinero se perdió ya que él acababa de tener alguna desgracia con la especulación. Esta es la forma en que la psicología oscura podría ir.

Gradualidad

Cuando nos enteramos de las demostraciones de la influencia oscura, a veces resulta incomprensible y alucinante. Lo que no reconocen es que esta influencia oscura no será una solicitud grande o abrupta que surja inesperadamente. Es más bien un tramo de escaleras cuando se trata de influencias oscuras. Cuando los dos se encuentran por primera vez, el persuasor nunca pedirá al oyente que haga algo importante y emocional. Si todo lo demás es igual, le indicará al oyente que dé un paso a la vez.

Cuando el objetivo del controlador es ir más allá, todo el ciclo parece ser, en menor medida, una obviedad. Antes de que el oyente se dé cuenta, ha llegado muy abajo, y el persuasor no va a dejar que se vaya ni que se recupere.

Veamos un ejemplo de cómo será esta interacción en la realidad. Supongamos que hay un delincuente que quiere que otra persona lleve a cabo sus fechorías en su nombre. Esto lo hacían los jefes de manada, los pioneros de la camarilla e incluso Charles Manson. Este criminal nunca consideraría iniciar el ciclo pidiendo que su oyente sea asesinado en su lugar. Esto actuaría como una advertencia porque ninguna persona racional querría matar a alguien que nunca ha conocido. Si todos los demás factores fueran iguales, el criminal comenzaría haciendo que el oyente realizara una tarea menor, como cometer un delito menor u ocultar un arma para él. En comparación, algo que no es tan importante para la persona en cuestión.

Con el tiempo, la habilidad del controlador para persuadir a sus oyentes de hacer demostraciones mejorará. Además, como fueron ellos los que cometieron las faltas más leves, el persuasor las transfiere al individuo en cuestión (extorsión). El oyente sentirá que ha ido demasiado lejos antes de darse cuenta. Entonces se verá animado a cometer algunas de las atrocidades más atroces imaginables. Además, la gente suele hacer esto porque cree que no tiene otra opción.

Los persuasores oscuros serán expertos en aprovechar esta gradualidad para ayudarles a ampliar el alcance de su influencia con el tiempo. Reconocerán que nadie se recuperará de inmediato de una ofensa o un malentendido importante. El persuasor se esfuerza por crear una extensión para llegar en esta línea. Cuando el oyente percibe lo lejos que está, ya ha pasado el punto en el que es posible volver atrás.

Pedido de Ayuda

Las personas que ayudan a los demás sin esperar nada a cambio tienen mayores niveles de satisfacción, viven más tiempo y ganan más dinero. Hay algunas personas en nuestro mundo que destacan entre la multitud. No sabrías decir exactamente de qué se trata, pero reconoces que tienen una comprensión particular de cómo adquirir exactamente lo que intentan conseguir de quienquiera que sea su interlocutor.

Con los avances tecnológicos y la expansión de los multimedios que han penetrado en nuestras vidas, cada individuo está lleno de conocimientos como ningún otro hombre en la historia. Cada acción, cada transacción o cada comportamiento está influenciado por la información. Ocurre a un nivel inconsciente. Para tener éxito en una sociedad así, hay que comprender estos aspectos y aplicarlos tanto en la vida cotidiana como en la profesional. Entender cómo influir en las decisiones de los demás es una habilidad vital que hay que tener hoy en día para diferenciarse del resto. Hay que recordar que la información es poder, pero lamentablemente el tema de la manipulación aún no se ha explorado a fondo. La gente no está discutiendo sobre ello adecuadamente, lo que da ventaja a los malos. Toma las riendas y defiéndete, así como a tu familia y amigos, de los manipuladores o de cualquiera que se aproveche de tus debilidades percibidas.

Me gustaría expresar un "llamamiento" en nombre de alguien que ni siquiera conoces, y es poco probable que lo hagas alguna vez. Podría ser alguien como tú, o alguien como tú en el pasado: con menos conocimientos, con ganas de ayudar a la sociedad, que busca información pero no sabe dónde buscar, y por eso intervienes. Al leer este libro, espero que hayas adquirido algunas verdades fundamentales sobre el arte de la manipulación. También espero que utilices estos nuevos conocimientos para planificar tus acciones, de modo que puedas volver a tomar las riendas de tu vida y dejar atrás la carga emocional de una vez por todas. Si este libro te ha resultado útil hasta el momento, ¿podría dedicar unos segundos a escribir una reseña sincera?

Ayudarás a...

...una persona más a cambiar su estilo de vida.

...un individuo más a ser capaz de relacionarse en el trabajo con los demás.

...que una persona más experimente una transformación que no habría experimentado de otra manera.

...cambiar una vida más para mejorar la sociedad.

Todo lo que tienes que hacer para que esto sea una realidad es... dejar una reseña honesta... lo que te llevará menos de 60 segundos...

PD: Eres mi tipo de individuo si sientes que es bueno ayudar incluso a una persona desconocida. Por lo tanto, estoy aún más emocionado de seguir ayudando a superar tus preocupaciones en los siguientes capítulos (apreciarás las estrategias que estoy a punto de abordar).

PPD - Consejo para la vida: Cuando presentas a alguien algo de valor, ellos relacionarán ese valor contigo.

Desde el fondo de mi corazón, te doy las gracias. - Vincent

5

Conceptos de Hipnosis

Antes de aprender las diferentes técnicas de hipnosis, hay que entender cómo funciona la mente y cómo se comunican y comportan las personas. Lograr que la hipnosis sea eficaz y eficiente. La mente humana es un mecanismo complejo. Aprender estos conceptos te permite hipnotizar a cualquier persona, en cualquier momento. Entender estos conceptos de la hipnosis te ayuda a reconocer qué técnica usar o se está usando en ti.

El Poder de la Sugestión

A veces, la gente actúa basándose en las sugerencias de otra persona. El poder de la sugestión es lo que utilizan los publicistas para convencer a los consumidores de que compren un producto. Los hipnotizadores también utilizan este poder de sugestión para inducir la hipnosis. El ejemplo más común del poder de la sugestión es el efecto placebo. Se trata de una sugestión durante el estado de vigilia. Los médicos, las enfermeras y los farmacéuticos aplican este poder de sugestión a los pacientes. Los médicos a veces dan una píldora cualquiera a los pacientes. Los pacientes que creen que esta píldora cura sus enfermedades se sienten mejor. ¿Por qué? Los médicos les sugirieron que una píldora concreta podía curarles. Combinada con el poder del lenguaje, la sugestión crea expectativas. Crea una poderosa forma de hacer que la persona hipnotizada se mueva hacia sus pensamientos dominantes.

El Poder de la Imaginación

La mente humana es capaz de una imaginación ilimitada. Junto con el poder de la sugestión, puede crear infinitas posibilidades. Los guiones de visualización incluyen el poder de la imaginación. Este poder, ayuda a las personas a lograr cualquier cosa.

Conciencia vs. Subconsciente

En psicología, la mente puede funcionar a nivel consciente y subconsciente. La parte consciente es la que se puede controlar. La mente consciente toma decisiones, piensa de forma lógica y realiza funciones cognitivas. Es el origen de la fuerza de voluntad y el registrador de la memoria a corto plazo. Habita en el pasado, el presente y el futuro. Por otro lado, la mente subconsciente controla las funciones corporales y las reacciones y reflejos automáticos. No piensa antes de actuar. Al igual que un programa de ordenador, una vez que se pulsa el botón de "ejecutar", la mente subconsciente ejecuta automáticamente cualquier acción que deba realizar una parte del cuerpo o un órgano concreto. Algunos ejemplos son la respiración y el parpadeo.

La mente subconsciente es la sede de los hábitos y la memoria a largo plazo. No cambia tan fácilmente. Los recuerdos, las acciones y las reacciones arraigados en el subconsciente tardan tiempo (o años) en ser sustituidos por otros nuevos. El subconsciente controla los mecanismos de autoconservación. Esta es la razón por la que los hipnotizadores no pueden hacer que una persona haga algo malo mientras está hipnotizada. La mente generaliza y filtra eventos, acciones, objetos o cualquier cosa vista, sentida, escuchada, saboreada y experimentada. La generalización es la capacidad de la mente de pensar en bloques o conceptos. Hace que el pensamiento sea más rápido, especialmente en momentos de peligro. El filtrado es la capacidad de bloquear las entradas sensoriales y eliminar las imágenes mentales negativas.

Patrones Lingüísticos

Los hipnotizadores utilizan patrones de lenguaje para hipnotizar a otras personas. Estos patrones incluyen la disociación, la suposición, el doble vínculo, las metáforas, las órdenes incrustadas, la exploración y la anticipación.

Utilización de metáforas

Los patrones de lenguaje metafórico son una forma excelente de hacer que otras personas confíen en ti. Pueden relacionarse con lo que les estás diciendo. Con las metáforas, puedes hablar de la vida de tus destinatarios.

Doble Vínculo

Este patrón lingüístico ofrece opciones, normalmente dos, para tus sujetos u objetivos. Sea cual sea la respuesta, el resultado es el mismo. El patrón lingüístico de doble vínculo suele responderse sólo con un sí o un no.

Comandos Integrados

En este patrón de lenguaje, se ordena a otras personas que hagan lo que uno quiere que hagan. Suele utilizarse en un método autoritario de inducción a la hipnosis. Cuando examinamos los guiones de inducción más de cerca, descubrimos que todas las técnicas de inducción, con la excepción de los métodos no verbales, utilizan órdenes incrustadas para proporcionar sugerencias y pedir permiso.

Disociación

Este patrón utiliza una "experiencia fuera del cuerpo". Muchas personas caen en un estado disociativo cuando experimentan estrés o eventos traumáticos. Esta disociación parece ser una respuesta natural para la mayoría de las personas. La disociación ocurre naturalmente durante la hipnosis. Puedes utilizar esta circunstancia natural para hipnotizar a otras personas.

Las Leyes de la Mente

Los pensamientos afectan al cuerpo. Si la mente piensa que eres fuerte, el cuerpo parece hacerle caso. Esta es la razón por la que el estrés emocional constante debilita el cuerpo. Puedes utilizar esta ley para inducir la hipnosis. Si tus objetivos piensan que la hipnosis es posible, son más susceptibles que los que son escépticos.

Atención concentrada

Cuanto más consideres algo, más real se volverá. Por ejemplo, imaginar que eres más sociable o productivo en el trabajo hará que tu mente consciente lo crea. Como resultado, planificas cómo alcanzar tu objetivo. Por otro lado, la concentración tiene un impacto negativo en las personas que tienen dificultades para distinguir entre la realidad y la fantasía. Estas personas viven a veces en un mundo parecido a un capullo. Esta ley mental se puede utilizar en la hipnosis para hipnotizar a cualquier persona y mejorar sus ideas sobre el tema. Si prestas atención a tus objetivos, creerán todo lo que digas.

Efecto dominante

Las personas crean hábitos con el tiempo. Se aferran a este hábito para racionalizar su comportamiento y sus pensamientos. Una vez que una idea está arraigada en la mente, tarda en ser sustituida por otra nueva. Para que las nuevas ideas sustituyan a las antiguas, las personas necesitan fuertes conexiones emocionales. De lo contrario, se producirán consecuencias.

Asociación

La gente experimenta ocasionalmente cuando puede correlacionar esas emociones con algo, que es el polo opuesto de la disociación. Por ejemplo, la música clásica relaja la mente, mientras que la música heavy metal evoca vibraciones duras y negativas.

Efecto inverso

Esta ley propone que la mente consciente no puede obligar al subconsciente a seguirla. Cuanto mayor sea el esfuerzo de la mente consciente para entender o recordar algo, más difícil será que el subconsciente responda.

Negación

La mente no sabe cómo calcular la negación. Cuando se dice no pienses en esto o aquello, lo primero que hace la mente es pensar en esto o aquello. Por ejemplo, no imagines que este elefante es de color violeta. La mente lo interpreta como "mira el elefante, es violeta".

Composición

Esta ley utiliza el efecto compuesto de las sugestiones repetidas. Cada vez que se hace la misma sugestión a la misma persona con sólo ligeras variaciones, se crea un patrón. En las sucesivas hipnosis, la inducción es más fácil que en la primera o tercera sesión.

Creencias fundamentales

Las creencias de base se crean en una etapa temprana de la vida. Estas creencias determinan quién eres y qué eres en la vida. Sin embargo, cada creencia central no define todos los aspectos de tu vida. Una creencia central puede definir la forma en la que te enfrentas a tu vida social, pero no la forma en la que gestionas tu entorno laboral. Estas creencias centrales son consistentes con el resto de tu vida pero pueden ser alteradas a través de la hipnosis, la fuerza de voluntad y otros eventos que cambian la vida. Estas creencias juegan un gran papel en la retención de problemas a largo plazo en tu vida. La comprensión de estas creencias básicas personales te ayudará a saber exactamente cómo hipnotizar a alguien.

Datos sobre la Hipnosis

La hipnosis es la susceptibilidad de la mente a las sugestiones. A pesar de este estado, una persona bajo hipnosis sabe subconscientemente lo que se está haciendo, excepto que permite que estas cosas sucedan. Entre las aplicaciones habituales de la hipnosis se encuentra la hipnoterapia, cuyo objetivo es mejorar el bienestar. No se puede infligir daño a una persona en estado de hipnosis. Incluso en ese estado, una persona puede reaccionar ante el peligro. La mente tiene mecanismos de defensa que son difíciles de entender. La práctica de la hipnosis existe desde hace muchos siglos.

Últimamente, los científicos han dedicado tiempo a estudiar y explicar cómo y por qué es posible. Surgen muchas teorías sobre las diferentes prácticas de la hipnosis. Aquí están las verdades sobre la hipnosis:

La hipnosis es un rasgo natural e inherente.

Le ocurre a todo el mundo, de una forma u otra. Es posible que no la reconozcas o que incluso niegues haberla presenciado al menos una vez, o tal vez más. Cada persona puede entrar y salir del estado de hipnosis. Por ejemplo, estás leyendo una novela. Estás tan absorto en la historia que no "oyes" a tu pareja haciéndote una pregunta. Puede que tu mente consciente no registre la pregunta, pero sabes que te la están haciendo. En cierto modo, se parece a la hipnosis. Otros no lo llaman así.

Como es un rasgo natural, una persona hipnotizada no corre el riesgo de quedarse atrapada en un estado u otro. Se desplaza hacia un estado de vigilia o de sueño profundo. Por lo tanto, la hipnosis no es peligrosa. La experiencia es como escuchar un discurso aburrido y desconectar hasta que el orador termine. Algunos pueden sentirse desorientados, pero estas sensaciones no duran.

La hipnosis no es un estado de sueño.

Aunque la palabra hipnosis procede del griego Hypnos, que significa sueño, no constituye un estado de sueño normal. En estado hipnótico parece como si estuvieras dormido, pero tu mente es consciente, está despierta y responde. Lo oyes todo. Tus sentidos se intensifican.

La hipnosis no hace que una persona sea débil de voluntad.

Una persona hipnotizada es susceptible a las sugestiones, pero esto no significa que sea débil de voluntad. Sigue teniendo el control. De hecho, puede detener la hipnosis cuando quiera. Si la hipnosis hace que una persona tenga poca voluntad, los hipnotizadores podrían abusar de ese poder sobre la persona hipnotizada. Muchos hipnotizadores pueden ordenar a una persona que haga todo lo que ellos digan. Afortunadamente, una persona hipnotizada mantiene el control. Esto es así a pesar de su alta susceptibilidad a las sugestiones.

La relajación no es un requisito previo para la hipnosis.

Se puede hipnotizar a una persona en cualquier momento y lugar, siempre que esté dispuesta. Incluso puede hacerlo durante una actividad extenuante. La hipnosis puede aportar relajación, pero la relajación no es un requisito previo.

La hipnosis no causa amnesia permanente.

Un hipnotizador puede ordenar a una persona que olvide, por el momento, lo que ha ocurrido. Esto permite que la mente procese los acontecimientos de forma subconsciente. A largo plazo, una persona previamente hipnotizada puede recordar la hipnosis con gran detalle.

La hipnosis es diferente del estado de trance.

Muchos hipnotizadores tienen dificultades para identificar la diferencia entre los estados de hipnosis y de trance. La mayoría de las veces, estas dos palabras se utilizan indistintamente. Las únicas similitudes entre los dos son los sentidos aumentados y la mente eficiente. La hipnosis se ocupa de la susceptibilidad aumentada de la mente, muy probablemente de la parte subconsciente. El estado de trance se dirige tanto al consciente como al subconsciente.

6

Consejos para Leer y Analizar a las Personas

Toma nota cuando alguien te produce un escalofrío. No sabes por qué, pero te sientes incómodo con la persona a la que te enfrentas. A pesar de tus esfuerzos, no pudiste encontrar una explicación. Lo principal que sabías era que tenías miedo del individuo que tenías delante y que no tenías ni idea de cómo derrotarlo. Había una razón para esta respuesta estomacal. Intuías que algo iba mal en esa persona. No tenías que conocer los detalles, y lo único que te importaba era que tus respuestas fueran precisas. Tus sentidos hicieron su trabajo.

Cuando miras a alguien por primera vez, tu cerebro inconsciente recorre una amplia gama de datos para pensar en lo que acepta como una percepción sustancial del individuo. Esto ocurre por debajo de tu conciencia. Esto implica que no eres consciente de lo que está pasando, pero puedes reaccionar a ello sin esfuerzo. Responder sin reparos es una característica útil en un entorno de supervivencia. Haces lo que sea necesario para no justificar el qué y el por qué cuando estás en un entorno de supervivencia. Básicamente, respondes sin mucha previsión, sin quemar tiempos importantes que podrían ser el contraste entre la vida y la muerte.

Sin embargo, suponiendo que no estás en una circunstancia de extrema necesidad, ¿quieres actuar por impulsos? ¿Te ayudarán tus impulsos a discernir si la persona de la entrevista está mintiendo o se siente incómoda por algo? ¿O para saber cómo se siente tu interlocutor durante una discusión? Hay muchas motivaciones, independientemente de que tengas una respuesta justa. Cuando puedes examinar a alguien, estás más preparado para adaptarte. Entonces, puedes actuar con objetividad. Puedes planificar la mejor manera de responder a la situación.

Esto implica que en el mundo de la vanguardia, cuando las circunstancias rara vez son decisivas, es clave intentar cambiar para reaccionar con cordura. Saber de qué se trata y cómo reaccionar adecuadamente.

¿Por Qué La Gente Analiza A Los Demás?

Analizar a las personas es algo que utilizan diferentes individuos hasta diversos límites. La razón más esencial por la que podrías concluir que deseas examinar a alguien es que quieres captarlo. Cuando tienes la estrategia adecuada para conseguir a otros, descubrirás que tener una asociación intelectual más que pasional es básico para establecer una asociación genuina con la mente de la otra persona.

Considera, brevemente, que estás intentando conseguir un acuerdo con un cliente vital. Entiendes que el acuerdo es necesario si quieres mantener tu trabajo y posiblemente avanzar, pero también entiendes que será una tarea difícil de realizar. Suponiendo que puedas buscar a otra persona, puedes permitirte adecuadamente la capacidad de darte cuenta realmente de lo que está pasando en su mente. Piénsalo. Hazle saber si el cliente es molesto y reaccionará adecuadamente. Comprueba si el cliente está siendo deshonesto y reacciona en consecuencia. Podrás determinar si el cliente está desinteresado, se siente comprometido o incluso irritado con tus esfuerzos por impactar a la persona en cuestión, y entonces buscarás alguna forma de responder.

Cuando puedes comprender la mentalidad de otra persona, puedes manejarte a ti mismo. Puedes calibrar tu conducta para asegurarte de que serás persuasivo. Puedes asegurarte de que tu cliente se sienta bien teniendo la opción de cambiar tu conducta para descubrir lo que estaba causando el inconveniente en cualquier caso. En el pasado, tener la opción de autodirigirse y tener la opción de perseguir a otros era básico también en algunas circunstancias diferentes. Si puedes percibir a otra persona, puedes protegerte de cualquier peligro que pueda surgir. Si puedes percibir a otra persona, puedes comprender mejor su posición. Puedes aprender a convencer o controlar al otro individuo. Puedes conseguir que los individuos hagan cosas que de otro modo evitarían.

En definitiva, tener la opción de investigar a otros tiene tantas ventajas básicas que es de gran provecho tener la opción de hacerlo. Fomentar esta gama de habilidades implica que estarás más en contacto con los sentimientos de todos los que te rodean, lo que te permite asegurar que tienes una mayor capacidad para apreciar a las personas en su esencia porque has llegado a comprender cómo son sus sentimientos. Reconoce tus propios sentimientos a través de la autorreflexión y averigua cómo centrarte en el desarrollo de tu cuerpo. La capacidad de interpretar a las personas puede ser impagable en prácticamente cualquier entorno

Cómo Analizar a las Personas

Aunque pueda parecer sorprendente, averiguar cómo indagar en los demás no es tan problemático como podría parecer a primera vista. No hay principios confusos que debas recordar ni habilidades que debas dominar. Familiarízate con los ejemplos de las mejores prácticas y lo que significan. Esto se debe a que, una vez que reconozcas las prácticas, podrás averiguar la intención que hay detrás de ellas.

Cuanto más pienses, podrás averiguar qué es lo que los ojos de alguien están restringiendo a un significado y luego identificarlo con el uso de algunas tareas o prácticas distintas. Cuando el discurso y la comunicación no verbal de alguien no están sincronizados, puedes averiguar qué te espera. Cuando los individuos no entienden cómo funciona la comunicación no verbal, ésta rara vez miente, por lo que puedes confiar en ella para obtener información esencial si estás tratando con otras personas. El intento de comprender a los humanos se basa en el hecho de que se sabe que existe un ciclo entre las consideraciones, los sentimientos y los comportamientos. Tus ideas se convierten en sentimientos, y tus sentimientos influyen en tu comportamiento, como se evidencia en tu lenguaje corporal.

La mayoría de las veces, este ciclo pasa desapercibido. No tienes ni idea de lo que está pasando. En cualquier caso, algunas escuelas de tratamiento, como la investigación intelectual del cerebro social, han decidido distinguir y utilizar este ciclo. Si reconoces la existencia de este ciclo, puedes aprovecharlo. Esencialmente, observa los comportamientos de las personas y luego rastrea su origen en las emociones que los sustentan.

Esta es la razón por la que es tan importante comprender la comunicación no verbal. Cuando se puede captar lo nuevo de la conducta de alguien, se pueden comprender sus sentimientos.

Cuando comprendes sus sentimientos, puedes descubrir las reflexiones ocultas que tiene. Esto es lo más parecido a la lectura mental que puedes conseguir. Para doblegar a los demás, tienes que superar un ciclo básico. Aprender la norma de conducta imparcial. Esta es la conducta por defecto del individuo. Busca desviaciones en esa conducta imparcial. Después, agrupa las prácticas para averiguar qué pasa con el otro individuo, y luego investiga. Este ciclo es fácil, y si puedes averiguar cómo hacerlo al mismo tiempo que descifras los diferentes tipos de comunicación no verbal, descubrirás que entender a los demás nunca será más fácil.

Establecer conductas de base neutrales:

La parte más difícil de poder estudiar a otra persona es determinar cómo discernir sus normas de conducta de las propias. Si puedes conseguirlo, distinguirás cómo actúan esos individuos en un contexto no partidista. Tendrás una buena idea de cuáles son los rasgos de esa persona. Alguien que parece estar retenido o inusualmente asustado, por ejemplo, mostrará casi con toda seguridad algunos signos típicos de angustia. Puede que se cruce de brazos para proteger su cuerpo o que se ponga en guardia y se niegue a establecer contacto visual. Este es un patrón de comunicación no verbal clásico que demuestran sistemáticamente las personas que mienten y no tienen la menor idea, como aprenderás más adelante navegando.

Por otro lado, lo más probable es que una persona tímida no esté mintiendo si su comportamiento por defecto es cruzar los brazos y evitar el contacto visual. Dado que los tipos de carácter y las características básicas de las personas difieren tanto entre sí, éste se convierte en un primer paso fundamental que nunca deberías saltarte. En cualquier otro caso, aceptarías que cualquier persona modesta podría estar intentando engañarte. Es fundamental obtener una imagen de la magnitud y de las cualidades de correspondencia no verbal.

Reconocer las desviaciones del comportamiento neutral:

Una vez que hayas establecido tu criterio, puedes empezar a identificar las desviaciones respecto a él. Esto significa que puedes utilizar tus percepciones subyacentes para averiguar qué prácticas de las que observas no coinciden con lo que esperabas. Esta etapa puede ocurrir en una variedad de vínculos. Puedes hacer una pregunta y luego observar la respuesta para determinar si la persona está siendo sincera o no. Puedes probar y buscar signos de comportamiento inapropiado. Al intentar persuadir a alguien para que haga algo, puedes probar adecuadamente tu capacidad de persuasión.

Reconocer los conjuntos de desviación

Reconocer esas desviaciones singulares no es suficiente en todos los casos. Hay que fijarse en un montón de desviaciones para tener una visión completa. Cuando destaques en el estudio de la comunicación no verbal, te darás cuenta de que gran parte de la comunicación no verbal humana puede descifrarse de diversas formas dependiendo de la situación. Obtén ese escenario de forma regular observando otras prácticas que ocurren simultáneamente con las prácticas que estás examinando. Por ejemplo, hay algunas prácticas de despiste que pueden tener ramificaciones. En cualquier caso, cuando se producen simultáneamente, normalmente se puede deducir que hay algún grado de doble juego, lo que implica que se debe proceder con precaución.

Analizar:

Finalmente, al identificar esos grupos de desviaciones de la primera norma social de carácter no partidario, puedes averiguar lo que significan. Puedes empezar a hacer un seguimiento para ver si la gente es honesta o cómo se siente. Cuando analizas, obtienes una auténtica vista previa de los pensamientos que están pasando por la cabeza de la gente. Podrás averiguar si tienen un problema en situaciones específicas basándote en ver las reacciones generalizadas que se repiten. Podrás averiguar qué es lo que les asusta. Parecerá persuadirles constantemente para que sigan persiguiendo sus objetivos. A medida que avances en esta etapa, aprenderás más sobre lo que se espera que les influya o controle, suponiendo que decidas hacerlo.

Cuándo Analizar a Otros

El análisis individual es una de esas habilidades que pueden ponerse en práctica en casi cualquier situación. Puede utilizarse en el trabajo, en las relaciones cercanas, en asuntos gubernamentales, en la religión y, sorprendentemente, en la vida cotidiana. Debido a esta adaptabilidad, es posible que notes que siempre estás escudriñando a los demás, lo cual está bien. Recuerda que tu cerebro inconsciente ya emite juicios sobre los demás y sus expectativas, por lo que, en primer lugar, estabas examinando a las personas. Ahora todo lo que estás haciendo es intentar que esas indagaciones se hagan en tu conciencia consciente para que seas capaz de conocerlas. Ahora veremos algunos escenarios únicos y convincentes.

Cuando se trata de la crianza, una vez que has descubierto cómo analizar a los demás, puedes empezar a aplicar lo que has aprendido a tus propios hijos. Puede que pienses que el cerebro de un niño no está lo suficientemente avanzado como para obtener una lectura fiable, pero ten en cuenta que los sentimientos de los niños son bastante genuinos. Básicamente, tienen sus propios sentimientos, y aunque esos sentimientos no tengan la intención de persuadirte como padre, eso no excusa sus sentimientos de ninguna manera. Puedes captar lo que pasa por la mente de tu hijo si eres capaz de darte cuenta de sus sentimientos, lo que te permitirá ejercer de padre con más calma y eficacia.

Ver a alguien:

Cuando se convive con otra persona, es demasiado fácil ofenderla sin darse cuenta. Molestar repetidamente a otra persona provocará algún nivel de hostilidad, aunque rara vez se exprese. Sin embargo, cuando se sienten incómodos o angustiados, a algunas personas les resulta difícil examinarse a sí mismas. Es entonces cuando entra en juego la capacidad de investigar a otra persona. Querrás averiguar cuáles son los sentimientos básicos de tu cómplice en el momento de empezar a salir, para poder desempeñar el papel de apoyo. Examina a las personas en el lugar de trabajo, especialmente si colaboras con otros. Percibe cómo te ven tus compañeros. Además, es posible que trabajes en un campo en el que se espera que tengas la opción de obtener grandes lecturas sobre alguien en primer lugar.

En cualquier caso, independientemente de que sean sinceros contigo, puedes saber cómo se sienten. Si eres un abogado, deconstruye la honestidad de tus clientes y de aquellos a los que estás entrevistando. Si eres vendedor, indica si te han persuadido o no en tus esfuerzos por completar una compra. Cuando trabajes con personas a plena luz del día, protégete. Puedes saber si estás a salvo cuando puedes leer a los demás, independientemente de si están socavando o sospechando. Esto significa que puedes prepararte, independientemente de la situación, para asegurarte de que siempre estás listo para responder. En una reunión, puedes descubrir que observar la comunicación no verbal de un interlocutor puede ayudarte a averiguar si debes cambiar de técnica o pasar a algo nuevo. Para explicar el trato que se le da, lo mejor es observar la comunicación no verbal y otros signos no verbales.

Al observar las presentaciones:

Cuando estás viendo una presentación, un discurso o una ponencia, es fácil caer en la trampa de tomar todo al pie de la letra. Después de todo, ¿por qué alguien se tomaría la molestia de informarte de una mentira? Porque estás sucumbiendo a uno de los criterios de influencia, la tentación del poder. Al fin y al cabo, confías en la autoridad de la persona que habla y, por tanto, piensas que es digna de confianza. Si todo lo demás es igual, intenta ver a la otra persona por lo que es, averiguando cómo descifrar su comunicación no verbal. Si averiguas cómo deconstruir a un político en la televisión, podrás detectar si es incómodo o deshonesto.

Cuando se compite con otro individuo, los sentimientos ordinarios se disparan en ambas partes. Cuando se pueden expresar cosas que no se han sugerido, nadie está pensando con claridad. Sin embargo, si investigas a las personas, te darás cuenta de cuándo alguien se está apresurando por retirarse. Deberás prestar atención a los indicadores de que debes separarte y volver a intentarlo más tarde para asegurarte de que no estás pisando a nadie o empeorando las cosas.

En la autorreflexión:

Cuando hayas descubierto cómo examinar a los demás, puedes empezar a mirarte a ti mismo. Esto significa que puedes hacer una pausa y examinar tu comunicación no verbal para registrarte a ti mismo y averiguar qué está pasando. Puede ser difícil darse cuenta de cómo te sientes exactamente en algunas situaciones, pero cuando no tienes ninguna otra opción, ésta es la mejor manera de hacerlo. Puedes discernir tus sentimientos si puedes hacer una pausa y reflexionar sobre ellos.

Autorregulación:

Después de identificar tus emociones, te autorregularás. Si te encuentras en una disputa acalorada y te preocupas y te irritas, tienes la opción de entrar en la forma en que te sientes molesto y reaccionar en consecuencia. Sin embargo, si puedes deconstruir a las personas, puedes examinarlas y determinar cómo se sienten. Esto significa que si puedes ver que estás asustando o incomodando a alguien, puedes hacer los cambios necesarios en tu comportamiento.

7

Manipulación a través de la PNL

La Programación Neurolingüística se desarrolló en los años 70 y es una forma de control mental. Muchos investigadores estaban tratando con nuevas teorías de comportamiento y psicología durante este periodo, de las que podrá aprender más a medida que avancemos en la historia. El enfoque de la PNL buscaba utilizar el conocimiento y las habilidades que se habían reunido como consecuencia de los hombres que habían utilizado la hipnosis y el control mental en el pasado.

Hombres como Rasputín, que parecían utilizar métodos tan oscuros y enigmáticos que otros no podían entender cómo podían lograr lo que hacían, tienen un lugar en la historia del control mental. Al observar las fotografías de Rasputín, sus ojos son el rasgo que más destaca. Parece estar fuera de cuadro, casi como si estuviera en la misma habitación que tú. Las habilidades de manipulación y control de Rasputín no eran bien conocidas en su momento, pero algunos de sus enfoques parecen tener elementos de lo que ahora denominamos control mental PNL.

Los practicantes de la manipulación mental de la PNL utilizan la comunicación eficiente como estrategia para crear relaciones. A pesar de que las directrices de la PNL se centran más en las técnicas que en la psicología, este tipo de enfoque estimula el deseo humano de desarrollar un vínculo emocional y psicológico con todo el mundo. Un fuerte contacto visual, cuando se combina con otras palabras, gestos u otras señales, puede poner a alguien bajo control mental o incluso ponerlo en trance. Hoy en día, muchas personas emplean tácticas de PNL para lograr sus objetivos, incluso si el objetivo es venderte algo por un pequeño beneficio.

Control Mental

Las técnicas de control mental son algo que puede ser tanto atractivo como peligroso dependiendo de cómo se utilicen. Significa cosas diferentes para cada persona. También se asignan a la influencia coercitiva, el adoctrinamiento, el cambio de pensamiento, la compulsión y la seducción. Todos los términos enumerados anteriormente tienen elementos comunes, especialmente los que describen el control mental. Todos aluden a la inspiración y expresan o implican el control en la psique de un individuo para que asuma un trabajo específico. A continuación, en un tiempo razonable, describiremos e identificaremos muchas de sus estrategias. A continuación, te preguntaremos quién debe utilizarlas. ¿Podrías cambiar la mente de los demás? ¿Pueden los demás controlar tu psique? Una preocupación normal es que los individuos puedan controlar la mente de otros sin conseguirlo. Esto ha incrementado la frecuencia con la que aparece el término "control mental" en hipótesis en las que se culpa a cualquier cosa, desde los estados hasta las personas ajenas, de controlar nuestros pensamientos. Se puede influir en las valoraciones de los demás de forma habitual e inequívoca. Hacerles bailar como marionetas por cada deseo, en cambio, parece poco probable.

Técnicas de control mental

Algunas estrategias se utilizan regularmente para el control mental. Esto no ocurre. Hay un ciclo que tú, como individuo, deberías conocer. Vamos a echar un vistazo. En esta parte, analizaremos algunas técnicas de control psíquico certificables que son utilizadas por la gente normal en interacciones únicas, como en las reuniones.

La manifestación del aislamiento

La separación física puede ser impresionante, pero los encargados de la reglamentación se esforzarán habitualmente por atarte sanamente cuando una verdadera partición sea inconcebible o impracticable. Esto puede desarrollarse de diversas maneras, desde cursos de varias semanas en el campo hasta la denuncia de tu grupo familiar y de compañeros. El objetivo autoritario es otro impacto del control del flujo de información.

Tener críticas

Hay que entender que el análisis puede ser utilizado como un instrumento de distanciamiento. Normalmente, los reguladores llegan a decir que están en contra de las condiciones de los demás, condenan al resto del mundo y aseguran su dominio particular.

La presión del grupo y la prueba social

Las personas que intentan dirigir reuniones masivas suelen utilizar la prueba social y la presión de grupo para programar mentalmente a los recién llegados. La prueba social es un fenómeno psicológico en el que algunas personas creen que las acciones y los sentimientos de los demás son apropiados y deben ser legitimados ya que "todo el mundo lo hace". Esto funciona especialmente bien cuando un individuo no está seguro de qué pensar, cómo seguir o qué hacer. Muchas personas en esas condiciones se fijan en lo que hacen los demás y hacen lo mismo.

¿Cómo te posicionarías con respecto al control de la mente de las personas?

La inducción del trance es una herramienta fantástica. Un hipnoterapeuta experto puede persuadir a alguien para que actúe en respuesta a sus sugerencias en cuestión de segundos. La inducción puede utilizarse para guiar, entretener, promover e incluso tentar. No es difícil darse cuenta de que alguien ha sido embelesado con fines de tratamiento o entretenimiento, y aún más fácil permitir que el especialista en hipnosis lo hipnotice.

Se necesita un repertorio distinto y consistente para cautivar a las personas en un entorno de conversación y persuadirlas para que sigan tus consejos sin que se den cuenta de que estás usando tus "habilidades especiales" en ellas. "El embrujo de la clandestinidad y la correspondencia" es lo que se llama. Los mejores representantes de ventas, pioneros y especialistas en encantamientos emplean este método para persuadir a los demás de que hagan lo que ellos quieren. Estas técnicas hipnóticas son tan poderosas que parecen manipular el cerebro.

Puede que te preocupe cómo funciona este misterio de hechizo.

La absoluta primera cosa que deberías hacer es conectar con el individuo que necesitas inducir. Esta asociación es clasificada como una "investigación" por algunos. Esta condición de similitud con el sujeto debe ser protegida. Esto debe ser posible oralmente y con la comunicación no verbal adecuada. Cuando se hace con eficacia, el sujeto experimenta un vínculo mental significativo con el hipnotizador.

En primer lugar, amplía el estado del mensaje.

Una vez que hayas localizado una fuente y establecido una relación con el sujeto, el siguiente paso es reforzar esta sensación de seguridad y percepción, ampliando así cualquier garantía psicológica y haciendo que el sujeto sea más receptivo a las recomendaciones.

En primer lugar, crea una asociación.

Una vez que hayas establecido una buena relación con el objetivo, es el momento de infundir las proposiciones ocultas en su olvido, lo que a veces se conoce como "indicaciones epitomizadas". Le "preguntas" sobre cualquier cosa que quieras que haga allí. También puedes "informarle" como lo harías durante una sesión rutinaria de hipnosis. Ser sensible y explícito con las ideas marcará la pauta del razonamiento crítico. Las salvaguardas y los obstáculos de la mente típica se ampliarán, y las peticiones directas que le envíes se cuadrarán.

Entonces, una vez que los tienes en tu hechizo, ¿cómo propones el tema?

Lo haces con analogías y órdenes tipificadas. ¿Cuál es el significado aquí? Las imágenes o sucesiones cautivadoras son informes hipnóticos explícitamente planificados. Utilizan un material fascinante y entregan ideas o directivas directamente al inconsciente para superar los obstáculos del pensamiento decisivo. Esto engaña al público haciéndole creer que estamos hablando de algo trivial cuando en realidad estamos hablando de otra cosa, que es el verdadero significado de la metáfora.

Palabras Finales

Ahora puedes coincidir conmigo en la constatación de que el control está en todas partes en nuestras rutinas habituales. Incluso mientras duermes, hay una marca en algún lugar que busca desencadenar sus manipuladoras campañas de marketing con el objetivo de hacerte gastar tu dinero. Mientras te esclavizas sin poder hacer nada frente a tu jefe, rara vez hay garantías de que vayas a avanzar. En tus vínculos, es de suponer que hay alguien que profesa ser tu compañero y que, sin embargo, sólo se presta especial atención a sí mismo. Casi parece que, mires hacia donde mires, hay alguien que te impide avanzar. Esto puede ser muy abrumador.

Ser controlado no se siente nada bien. Darse cuenta de que todo lo que pensabas que era válido era una realidad modificada por un individuo manipulador, hace que te sientas doblemente traicionado y ocasionalmente imbécil. No puedes dejar de pensar en por qué no viste las advertencias y qué podrías haber hecho de otra manera. La realidad es que, por muy astuto que creas que eres, siempre hay alguien que acepta que puede ser más astuto que tú. Introduce tus recién aprendidos métodos de control. Este libro fue diseñado para enseñarte acerca de la manipulación y cómo evitar ser manipulado, así como la forma en que podemos manipular las situaciones en general a nuestro favor cuando sea necesario.

No necesitas detenerte un minuto o dos para ver cómo otros toman el control y consiguen lo que necesitas cuando puedes hacerlo sin la ayuda de nadie más. Afectar a los demás para satisfacer tus deseos está bien dentro de tus capacidades si disfrazas y combinas las lecciones y técnicas de este libro. Puede parecer un viaje difícil, sobre todo si estás acostumbrado a ofrecer a los demás lo que necesitan y no obtener nada a cambio, pero no lo es. Descubrir cómo controlar a las personas no es algo que deba abrumarte. Sólo se siente abrumador ahora, ya que estás aprendiendo esta multitud de cosas nuevas al mismo tiempo. Con el tiempo y la práctica, las cosas que has aprendido se convertirán en algo natural. Acabarás por sonreír y ser un bromista sin proponértelo.

Trabaja tu comunicación no verbal. Te sorprenderá lo mucho que puedes aprender de la gente y de tu entorno. Convertirte en un controlador experto te llevará más de un par de días, pero merecerá la pena. ¡Ten en cuenta que estás en tierra firme!

CPSIA information can be obtained
at www.ICGtesting.com
Printed in the USA
LVHW101045290323
742726LV00028B/564

9 781915 470676